Mi cicatriz es hermosa

Escrito por Caryn Shender
Ilustrado por Zulfiqar Soleh

Mi cicatriz es hermosa, por Caryn Shender
Copyright © 2021 Harpenela Publishing

Todos los derechos reservados. No se permite la reproducción o el uso de ninguna parte de este libro, de ninguna manera, lo que incluye fotocopiarlo, sin el permiso por escrito del editor, salvo el uso de citas en una revisión del libro.
Para solicitudes de permiso se le ruega escribir a Harpenelapublishing@gmail.com

Primera Edición, 2021

ISBN: 978-0-578-33742-5

Maryland, Estados Unidos
Publicado por Harpenela Publishing 2021
Ilustrado por Zulfiqar Soleh
Traducido por Arielle Depaz y Adriana Torossian

www.MyScarisBeautifulBook.com

DEDICACIÓN

Para mi hija Elaina. Espero que siempre estés orgullosa de tu cicatriz y de todo lo que has superado. Estoy orgullosa de ti y me inspiras cada día. ¡Te quiero!

Para todos los que tienen una cicatriz especial, sin importar cuál sea su origen.

Para todos los niños cardíacos que se nos fueron demasiado pronto, que su recuerdo sea una bendición.

Para Scott Freedman, M.D., Darren Klugman, M.D. y el cirujano cardíaco Bret Mettler, M.D. Gracias a ustedes, Elaina está viva y celebrando su cicatriz. Estamos eternamente agradecidos.

La cicatriz de _____ es HERMOSA.
Rellene Su Nombre

Mi hermosa cicatriz me recuerda que...

Hay personas que se preocupan por mí.
Médicos, enfermeras y mi familia lucharon por mí.

Soy una persona valiosa y amada.

Algunas personas llevan joyas. Yo llevo mi cicatriz de forma orgullosa, como insignia de honor.

Soy valiente.

Mi hermosa cicatriz me recuerda que...

Puedo sobrevivir cualquier tormenta
con la que me encuentre.

Soy valiente, resistente y fuerte.

Para ganar el título de guerrero,
uno debe luchar en una guerra.

Yo ya sé luchar.

Mi hermosa cicatriz me recuerda que...

Algunas personas querrán que me avergüence de mi cicatriz. Yo sé que hice todo lo posible y que demuestra mi valentía y coraje.

Siento orgullo de lo que he hecho y de mi cicatriz.

Algunas personas se inventarán todo tipo de cuento exagerado y pensarán que mi cicatriz se debe a un mordida de tiburón, un rayo o incluso una lucha con espadas.

La verdad es más interesante de lo que se pudiera haber imaginado.

Mi hermosa cicatriz me recuerda que...

En los momentos difíciles, puedo mirar mi cicatriz y saber que en los días más oscuros de mi vida yo luché.

Sé luchar y sobrevivir.

Muchas personas tienen cicatrices en su cuerpo, a veces más de una. Pueden ser gruesas o finas, planas o elevadas, lisas o torcidas. Al igual que los copos de nieve, no hay dos cicatrices iguales.

No hay nadie como yo, pero no estoy en soledad.

MI HERMOSA CICATRIZ ME RECUERDA QUE...

¡Ser diferente es bueno!
Mi experiencia me distingue.

Tengo una historia única para contar.

Algunos no lo entenderán.
Tal vez me juzgarán rápido, pensando que no soy «normal»,
o tal vez incluso me señalarán con el dedo o me mirarán raro.

Puedo ayudar a los demás a que entiendan si les cuento de dónde viene mi cicatriz.

Mi hermosa cicatriz me recuerda que...

Puedo hacer cualquier cosa, solo hace falta decidirlo.
Mi cicatriz muestra todo lo que he superado y es
una prueba de mi supervivencia.

Mi cicatriz es parte de mí, pero no me define.
No limita qué puedo hacer ni quién seré.

Todos nos enfrentamos a desafíos.
Los míos me asustaron mucho. Cambiaron mi vida y me dejaron con una marca bonita que demuestra que soy fuerte.

Me encanta mi cicatriz.
Es mi regalo especial y me ha ayudado
a convertirme en la persona que soy.

Mi hermosa cicatriz me recuerda que...

La capacidad de mi cuerpo de curarse es mágica.

¡Soy un verdadero superhéroe!

Mi hermosa cicatriz me recuerda que...

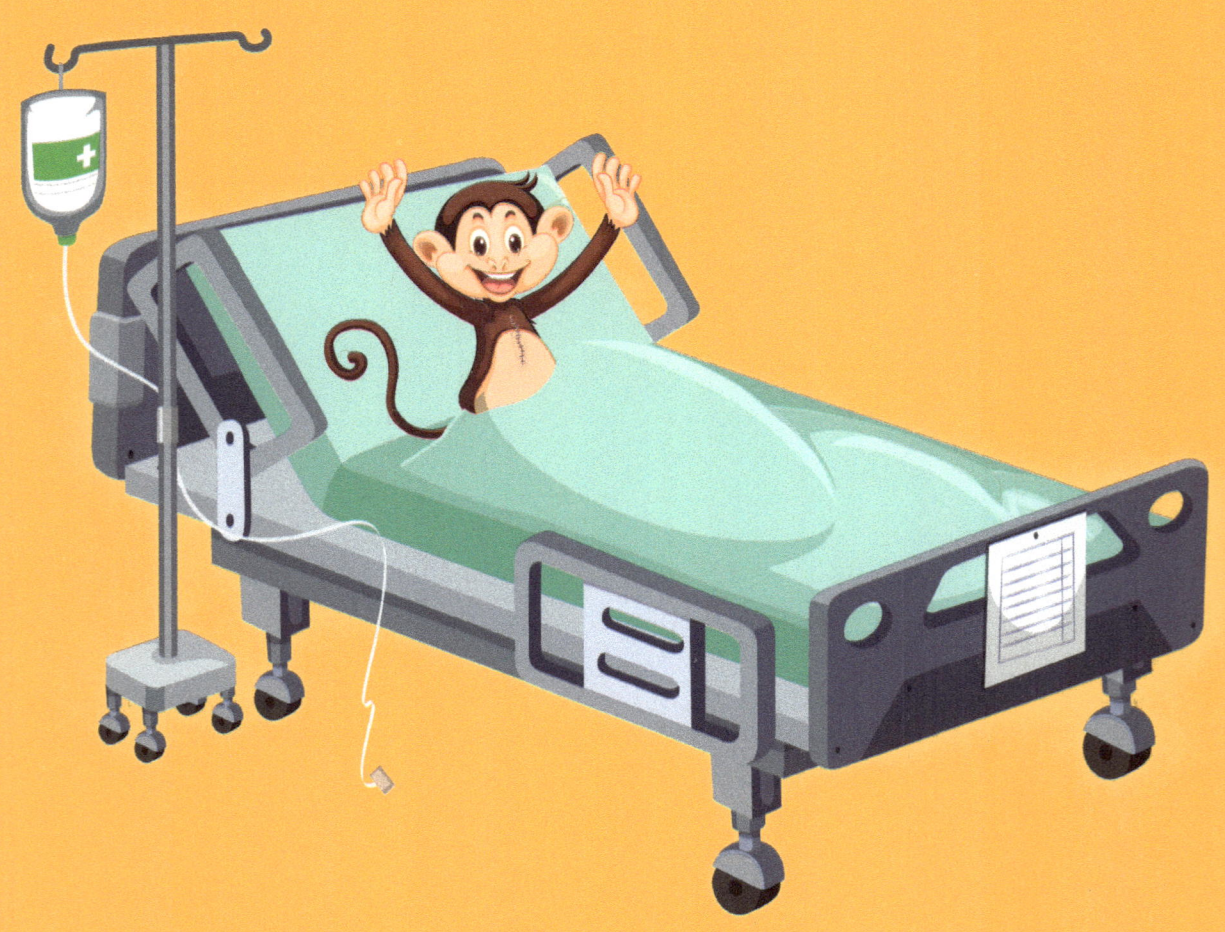

La vida es un regalo. Y yo vivo.

Aprecio mucho mi cicatriz.

¡Mi cicatriz es HERMOSA!

Frases Inspiradoras

«Las cicatrices no son indicaciones de debilidad, sino que son señales de supervivencia y resistencia». - Rodney A. Winters, autor

«Mis cicatrices cuentan una historia. Me recuerdan los momentos en que la vida intentó quebrarme, pero fracasó. Son puntos de hilo en la costura de mi carácter». - Steve Maraboli, autor

«Por cada herida hay una cicatriz, y cada cicatriz cuenta una historia, una historia que grita "¡he sobrevivido!"». - Padre Craig Scott

«Las cicatrices muestran la fortaleza: has pasado por momentos duros y todavía sigues de pie». - Theo Rossi, actor

«Si me muero sin cicatrices, significará que no habré hecho nada por el cual valga la pena luchar». - Joe Burrow, jugador de fútbol americano

Sobre la autora:
Caryn Shender es una madre orgullosa de una hija que nació con ALCAPA, una cardiopatía congénita muy poco usual que afecta a 1 de cada 300.000 nacimientos. Caryn entiende personalmente el impacto emocional que una cicatriz puede tener. Ella vive con su marido, hija, gato y perro, y todos son para ella una fuente de alegría e inspiración. A Caryn siempre la ha impulsado el deseo de marcar una diferencia. Ella espera que *Mi cicatriz es hermosa* sirva como recurso positivo para cualquier persona que tenga una cicatriz hermosa.

Más información sobre ella disponible en CarynShender.com.

www.ingramcontent.com/pod-product-compliance
Lightning Source LLC
Chambersburg PA
CBHW061800290426
44109CB00030B/2910